사랑할 수 있을 때

김보현 제8시집
사랑할 수 있을 때

지은 이 | 김보현
만든 이 | 김성구
만든 곳 | 국제문학사
만든 날 | 2023년 11월 7일

등 록 일 | 2015.11.02.
등록번호 | 제2020000026호
주　　소 | 서울특별시 광진구 광나루로 15길 41(102호)
전　　화 | 070-8782-7272
전자우편 | Email: kims0605@daum.net

　　　　　값 12,000원

ISBN 979 -11-89805-48-7 (03810)

ⓒ 판권 저자 소유　2023 김보현 Printed in Korea
이 책의 저작권은 저자와 국제문학사에 있습니다. 무단 복제를 금합니다.

제8시집

사랑할 수 있을 때

김보현 시집

국제문학사

시인의 말

더 깊은 영감으로

　러시아와 우크라이나와의 전쟁이 끝나기도 전에 중동의 이스라엘과 팔레스타인이 충돌하고, 그 주변국들의 긴장으로 심상치 않은 현실을 맞이했다. 이 외에도 지구촌에서의 크고 작은 사건들은 계속되고 있고, 아직 잡히지 않은 코로나19바이러스로 인하여 소중한 생명의 소실로 비상한 마음을 갖지 않을 수 없다.
　사람의 마음을 달랠 수 있는 방법은 다양하겠으나 그중 문학의 힘이 더욱 필요한 때를 맞이했다. 이럴 때일수록 마음을 열어 글을 쓰고 책을 읽게 해야 한다. 첨단이기(尖端利器)들은 발달하지만, 사람의 마음을 달랠 방법은 점차 줄어들고 있다. 중추신경을 마비시킬 방법들은 번성하고 있어 사회질서가 점차 파괴되고 있는 현실이 매우 안타깝다. 이것은 사람의 본연의 모습이 흔들리어 사람의 가치를 잃게 하기 때문이다.

잠시 머물다 가는 인생에게 사랑할 기회가 공평하게 주어진다. 그야말로 사랑할 수 있을 때다. 이때가 행복을 누릴 가장 좋은 기간이요 기회이다.

우리나라 역사 중에서 지금처럼 한류 열풍이 불던 때는 없었다. 다양한 분야에서 세계의 역사를 선도하고 있어서 참으로 감사하다. 문학계도 이때를 맞이하여 세계 속으로 파고들어야 한다. 문학적 수준을 높여 정신문화 건강에 일조하기를 바란다.

겨울을 맞이하기 전에 8집을 출간할 수 있어서 흥분이다. 더 깊은 영감으로 스쳐 지나는 것들을 가슴에 담아 계속 이어가기를 앙망하면서 독자들을 만나겠다.

2023년 가을, 청음 김보현

목 차

시인의 말 ········ 004

제1부 그게 사랑이라면

가야 할 길 ········ 014
가는 세월 ········ 015
4성 ········ 016
가이드 인생 ········ 017
감동 ········ 018
감사의 행복 ········ 019
거기에 계신 당신 ········ 020
관심 ········ 021
그 이름을 부르면 ········ 022
그 품에 안겨 ········ 023
그게 사랑이라면 ········ 024
그냥 갈 수 없네 ········ 025
그냥 보내야 함은 ········ 026
그대를 보면 ········ 027
그대와 함께 하고 파 ········ 028
그래도 괜찮아 ········ 029
그리움을 잇는 것들 ········ 030
그리움이 남기는 것들 ········ 031
금메달 인생 ········ 032
기대 ········ 033
선생님 ········ 034

제2부 멈추지 않는 사랑

꿈 ········ 036
꿈꾸는 감격 ········ 037
꿈꾸는 오늘 ········ 038
끝까지 노래와 찬미를 ········ 039
내 안에 너무 많은 것들로 ········ 040
내 영혼의 신호등 ········ 041
내 영혼의 이불 ········ 042
놀이터 ········ 043
눈밭 ········ 044
다시 맞이한 태양 ········ 045
맞춰가는 삶의 조각 ········ 046
당신 때문에 ········ 047
떠내려가는 잎 ········ 048
떠나는 가을 ········ 049
마르지 않는 샘 ········ 050
멈추지 않는 사랑 ········ 051
무엇으로 사는가 ········ 052
바뀌는 계절 ········ 053
밤의 침묵 ········ 054
배움의 즐거움 ········ 055
환락의 벗들 ········ 056

제3부 사랑할 수 있을 때

봄 하늘의 별들 ……… 058
봄의 노래 ……… 059
봄의 얼굴 ……… 060
봄의 왈츠 ……… 061
사람의 가치 ……… 062
사랑할 수 있을 때 ……… 063
사연 ……… 064
사회적 불안 ……… 065
꿈꾸는 감격 ……… 066
새 출발 ……… 067
새해의 다짐 ……… 068
시대의 불안 ……… 069
성공 인생 ……… 070
소중한 생명들 ……… 071
인생 성공 ……… 072
가을의 무게 ……… 073
가을의 얼굴 ……… 074
가을의 정체 ……… 075
가을빛소리 ……… 076
신앙 ……… 077
행복이음 ……… 078

제4부　우리 거기서 만날까

실버가 되어간다 ········ 080
아직 살아 있다 ········ 081
아침의 찬미 ········ 082
아침의 행복 ········ 083
없어서는 안 될 것 ········ 084
여기에 머물러 ········ 085
열리는 하늘 문 ········ 086
영혼의 노래와 찬미를 ········ 087
오늘의 행복 ········ 088
오늘이 그 날 ········ 089
우리 거기서 만날까 ········ 089
이기고 또 이겨 ········ 091
이뤄지는 꿈 ········ 092
이별 ········ 093
이어 가는 행복 ········ 094
일상의 즐거움 ········ 095
잊을 수 없는 것들 ········ 096
조화의 아름다움 ········ 097
겨울 가로등 ········ 098
겨울 물안개 ········ 099
기다리는 것들 ········ 100

제5부　사랑은 눈으로

겨울 ········ 102
겨울바람 ········ 103
겨울 산장 ········ 104
겨울의 미소 ········ 105
겨울의 정체 ········ 106
지나가는 세월 ········ 107
책임 의식 ········ 108
축제의 마당을 ········ 109
엄마의 울음 ········ 110
출근 ········ 111
사랑은 눈으로 ········ 112
치매 ········ 113
친구 된 세월 ········ 114
통찰력 ········ 115
한 해는 가고 ········ 116
함께 가 보세 ········ 117

제1부
그게 사랑이라면

가야 할 길

저마다 가는 길이 있어,
걷는 길에 함정들을 피해 가면서
도착하기를 몸부림한다
무릎은 깨지고, 쑤셔도
가야 하는 길이기에
온 인내로 이겨 낸다

이 강을 건너기 위해
하염없는 눈물로 밤 지새우고,
쥐어짜는 핏줄기는
남은 온 에너지로 심장을 뛰게 하여
큰 함성을 터지게 한다

그런데도
하루에도 여러 명이 목숨을 정지한다
창조주의 허락으로
이 땅에 태어났으나,
거친 땅을 건너지 못한 생명들,
꿈은 이뤄지니,
꼭 일어나야 한다.

가는 세월

가는 세월을 붙잡을 수 없어
그냥 보낼 수 없기에
온갖 계획을 세워가면서
여기에까지 왔어도
아쉬움이 남아 있는 탓에
그리움을 돌아볼 겨를 없이
보내고 또 맞이한다

이 때 쯤 이면,
부질없던 것들로 허비한 게
너무 속상하여,
다시는 반복하지 않겠다는 다짐은
다시 떠오를 태양을
부끄럽지 않게 맞이하겠다면서
오늘을 마무리한다

따스한 피가 흐를 때,
남은 숙제들을 이뤄보기 위해
숨 쉬는 오늘이 행복이다.

4성

사람만이 가질 수 있는 특권인
인성 지성 감성 영성은,
그 무엇으로도 바꿀 수 없는 보물로
생애 동안 추구해야 하는
가장 큰 목표이기도 하다

부모로부터 받은 것도 있고
본인이 노력하면 얻을 수도 있다
이것으로 사람을 평가하여,
만인에게 행복을 담게 한다

노력해도 되지 않는 것도 있지만
그 반대인 게 더 많다
수준 높은 이 네 가지를 유지하면
더욱 빛나는 생애를 누린다
더 아름다운 생애를 누리자.

가이드 인생

정들만하면 보내고
다시 맞이하는 여행 가이드,
맘 깊은 곳에 쌓인 사연을
쏟고 가야 하기에
만담과 웃음을 선물한다

나이가 들어갈수록 스쳐 지난
잊혀진 여행 가이드들,
삶의 마당에서 사라지지만
희미한 모습으로
반갑게 맞이해준 안내자들이다

이번의 여행지에서도
가보지 않은 곳으로 따라갔다
여행객들은,
가이드의 말에 귀를 쫑긋 세워
역사의 발자취인 유적지와
발길을 스쳐 지난 구석구석을
웃으며 졸졸졸 따라간다.

감동

살아가면서 중요한 게 많지만
그 중,
감동을 받는 일이다
험한 세상이라서 그럴까
쉽게 감동되지 않음을 고백하면서
무엇으로든
감성으로 인하여
뭉클한 순간이 꼭 필요하다
이게 없다면 굳어지는 냉가슴일 뿐

진리를 간절히 사모하거나
사랑이 흘러나갈 때
소망하는 게 이뤄질 때

사람만이 누릴 수 있는 황홀은
영원한 그리움이다
그 누구의 대상이 된다면
이 또한 행복이다.

감사의 행복

쏟아지는 나쁜 뉴스로
긴장하지 않는 자 없는 현실이다
엊저녁에도
아침의 태양을 보지 못한 채
영원으로 간 벗들,
슬픔으로 밤 지새운 자들도 많다

밤새,
기침과 열이 나서 항생제 투약 후
아침을 맞이하여,
음성 판정이 나와서 감사다

멀리에 있지 않은 행복의 조건들
오늘도,
신선한 공기와 찬란한 태양으로
기운을 얻어
오늘을 온 맘 다해 열어간다.

거기에 계신 당신

공허감이 파도처럼 밀려 올 때
당신이 계신 곳으로
영혼의 발걸음을 옮겨봅니다
새벽에 무릎을 꿇어
귀를 활짝 열어 보면,
세미하게 들리는 소리로
뻥 뚫린 구멍을 메꿉니다

언제나 가까운 곳에서
응원을 아끼지 않는 에너지로
나 지금 여기에 서 있습니다

가야할 길이 멀지만
당신을 품은 후로부터
영원의 항구에 이를 것을 약속하여
쌓인 보따리를 풀겠습니다.

관심

너무 많은 관심으로 피곤한 현대인
이게 함정인지를 알면서
점점 빠져들어 가는 것은
관심도가 너무 높아서다
오직 한 가지에만 몰입할 수 없어
온갖 뉴스들로,
영혼 마당에 도배되어 간다

쓸 것과 버릴 것을 구분하여
그 관심에 몰입하면,
보약과도 같은 게 참 많다

현대인의 딜레마는,
자신의 관심에는 큰 기대 없다
타인을 너무 의식하여
그것을 따라가다가 많은 것 잃고서
땅을 친다

내 영혼의 안테나는 과연 건강한가?
내 가는 길은 안전한가에
묻고 두들겨 무장을 잘하자.

그 이름을 부르면

문득 당신 이름을 부르면
태풍 지난 후의 고요함을 누린다
마음은 정화되기도 하고
용기가 부족할 때면,
뒤에서 응원을 보내는 것처럼
든든한 후원자가 되어 준다

이렇게 수많은 날을 살아 와
창고에 가득한 당신의 숨결로
영혼의 안방에서 춤춘다

하루에도 여러 차례
잡은 듯한 감각으로 인하여
따뜻해진 내 가슴은,
꿈꾸는 자의 모습을 잃지 않는다
당신도 내게 거는 기대로
함께 환호성을 부르게 한다.

그 품에 안겨

언젠가 그 품에 안겨서
님의 거친 숨소리를 들으며
눈빛으로 나누는
가장 따뜻한 언어들은
평생으로 잇는 다리가 되었습니다

험한 파고 앞에서
무참하게 쓰러진 상황에서도
나눈 눈빛을 기억하며
우리는 그 강을 건넜습니다

더 깊은 골짜기를 지나면서도
싸인 은총으로
지금의 오아시스를 만들었으니
영원의 아침에 이르기를
혼신을 다해 기도합니다.

그게 사랑이라면

거의 모든 사람들은
사랑의 중병을 앓는다
그것이 멈추다가도
그렇다고
앓지 않으면
더 큰 병에 걸린다

그 병은 신비하리만큼
세포를 소생케 하여
삶에 활력을 주어
새로운 생명을 창출하고
미래에 대한 소망을
더 크게 품게 한다

사랑의 가치는,
죽음의 끝에서도 건지는
기적 같은 능력이다.

그냥 갈 수 없네

이보게,
태어날 때부터 지금껏 동행했는데
뭔가 하나쯤은 이뤄놔야 하지 않겠는가?
먼지들도 서로 뭉쳐
의미 하나 만들려고 몸부림치는데
사람으로 태어나
그냥 갈 수 있겠는가

나 그렇게 살기 싫어서
때로는 뼈를 깎아내는 자세로
내 몸을 다듬었네

언어로 사람을 다듬고 길러
큰 산 되기를 위하여
온 힘을 기울였고,
남은 에너지로 글로 책을 펴
세월을 헛되게 보내는 게
큰 죄라며,
스쳐 보내지 않기를 신호로 알리네.

그냥 보내야 함은

그냥 스쳐 지났어야 했는데
당신의 미소에
마음 둘 곳 없어
시간 속 벗 되어진 것으로
지금에 이르렀으나
여전히 거리감이 있는 탓에
이별의 문턱 앞에 있다

가을 낙엽만큼 쌓인 추억은 아니어도
함께 보낸 시간 앞에
진실의 옷 입기를 앙망하여
가슴만큼은 설렘이었다

가야 하는 목표가 다르기에
여기쯤에서 정차하여,
남은 길로 행복을 채워야 하기에
세월의 열차에 실려 보낸다
그대도 이해하겠지요.

그대를 보면

길가의 코스모스는 춤을 추고
거리에는 온통,
가을빛으로 물 들어가면서
짙은 꽃 향 내음을 풍깁니다

그래서일까?
온갖 새들도 춤을 추며
그 외의 짐승들도 살이 쪄서
크게 행복해하고 있습니다

그대는 무엇으로 행복한가요
꽃이 그려진 가을 색 치마,
가벼운 모자를 쓴 화사한 모습

이 계절을 대표하기에,
어디론가 데려가고 싶습니다.

그대와 함께 하고 파

그 따스했던 품은,
굳은 감정을 눈 녹듯 하게하고
땅과 하늘을 잇는
가장 아름다운 사다리였습니다

힘이 들어 기댈 곳이 없을 때
추억의 날들로
다시 돌아갈 수 없지만
그 현장들을 새겨보면서
마음의 발길을 내딛어봅니다

오늘은 내일의 추억이 되기에
싸인 흔적들로
또다시 그리움이 되겠지요
다시 내민 손이라면,
잘 데워진 체온을 전달하여
그리움의 탑을 더 쌓겠습니다.

그래도 괜찮아

하루에도 사방에서 들리는
불미스러운 뉴스들로 도배되지만
도무지 이해할 수 없고
그 한계로 포기하고 덮을 수 없어
가슴만 저린다

급격한 기후변화로 인해
압박해 오는 것들이 많아도
인류는 온 지혜로,
여기에까지 역사를 이어왔다

사람의 생명만큼 소중한 게 없어
이에 대하여,
선각자들의 나팔소리는 계속되나
귀는 막혀 있어 외면되어
더욱 안타깝게만 한다

그래도 괜찮은 것은 하늘 기운은
그의 벗들과 동행하기 때문이라.

그리움을 잇는 것들

계절이 바뀔 때마다 찾아오는
질병과도 같은 지독한 그리움들
마땅히 해결은 안 되고,
쿵쿵 앓다가
핸들을 잡아 가까운 카페에 가
짙은 향기로 달래본다

발목을 잡고 있는 게 많아
가슴만 뛰고
세월은 또 정처 없이 흘러간다

못다 이룬 것들이 많아서일까
숙제처럼 남은 것이지만
가 버린 야속한 세월,
원망할 시간보다는 남은 에너지로
깊어 가는 희미한 카페 등 아래
영원의 아침에 부르고도 남을
그리움 하나 잇고 싶다.

그리움이 남기는 것들

한세월을 기다린 지금,
기억 마당에서 희미해지는 얼굴들
아무리 색칠을 시도해도
복구 되지 않아 울음이다

너무 쉽게 헤어진 모습들이 서글퍼
눈물의 강을 이룬다
보듬을 수 없는 것은 그렇다치고
꿈을 나누지도 않은 채
이슬처럼 가 버린 벗들의 모습도
영원의 아침에 이르도록
시리게 남아 있는 짝 사랑인가

그 누구에게도
내 모습이 그렇게 남아 있을까

스쳐 가는 바람이라도
조금의 상처를 남기도 싶지 않다
그냥,
자연의 일부로 여기고 싶을 뿐.

금메달 인생

살아가는 방식이 정해져 있지 않지만
어떻게 살아야 하는 것쯤은 알아
새벽 문에 이르면,
마음을 정결하게 하는 기도를 시작으로
하루를 열어 간다

모두가 성공적 삶을 추구하지만
실패로 인해 길고긴 터널을 지나간다

과정을 밟지 않으면
보이지 않는 인생길엔 덫이 많다
그러한 탓에 실패를 통해 영안이 열린다

지혜의 문을 열어
금메달을 추구하여 행복을 누리는 자들,
열정의 보상이다.

기대

기대감이 없다면 어떻게 살까
아무 목표가 생기지 않기에
무미건조한 삶으로,
생명이 꺾이고 악마의 종 되어
파산을 하게 한다

너무 짧은 인생살이어서
슬퍼할 시간도 사치 일 수 있다
그러므로,
사람으로 태어난 것 하나로도
오늘을 보며,
내일에 대한 기대와 희망을 갖고
꿈같은 행복의 탑을 쌓아
아름다운 흔적 하나를 남긴다

가끔 태클을 걸어오는 것은
정신을 차리라는 하늘의 신호다
네게 거는 기대가 크기에
방임하지 않고 큰 관심으로
계속하여 은총을 내린다.

선생님

어렸을 적 불렀던 선생님의 호칭
지금은,
그 마음의 진정성을 잃은 채
입으로만 불러진다
그 뒤를 이은 선생님들,
귓가를 통해 들어본 게 오래다

선생님이 백과사전이라도 되는 듯
얼굴과 모습만 봐도
모든 것을 얻은 것과도 같다

하기 싫은 공부도
선생님만 뵈면 하는 척이라도 하면서
존경심을 잃지 않았다

희미하게 기억되는 선생님의 얼굴들
나도 그 나이를 넘어
그리움의 대상이 될까에
깊어 가는 밤에 생각에 잠긴다.

제2부
멈추지 않는 사랑

꿈

아름다운 인생은
그에 걸맞은 꿈을 가지고 있다
그러한 이유로
잠재된 재능을 찾기를 계속한다

인생,
해야 할 일과 지금 하는 것들로
얼마나 행복하고 아름다운가
하루가 부족하여
꿈을 꿀 때에도,
일의 연장선에서 노래하며 춤춘다

영혼 깊은 곳에서 나오는
진심으로 뻗어가는 에너지로
새 생명을 누리는 벗들,
이것을 행복이라고 하여
가슴 터지는 감격을 누리기도 한다

아름다운 꿈을 꾸자
이것을 누리며 노래하기도 벅차다.

꿈꾸는 감격

간절하게 소망했던 것을
눈으로 확인하는 오늘 때문에
새벽을 맞이한 시각은
가슴 벅찬 감격의 순간이다

말라가는 나무에도
봄을 맞이하여 새싹이 나오면
지켜보던 이를 감동케 하듯
이 아침은,
남은 날의 행복을 잇게 하는
아름다운 신호탄일 것이다

그 누구도
영원할 수 없는 주어진 세월,
지금이 그 순간을 잇는
가장 소중한 때임을 알아
더 큰 하늘 문을 열어 간다.

꿈꾸는 오늘

오늘은 기도한 것을 이루는 날이다
이 날을 맞이하기까지는
뼈를 깎는 고통을 감내했다
눈물이 앞을 가려 늘어진 몸으로
꿈 하나를 이뤄보기 위한 몸부림은
하늘을 움직였나보다

수많은 사건과 사고들의 소식은
숨이 멎게도 하고
온 기력을 잃게도 하는 것들이어서
영혼의 일들을 더 우선시한다

오늘에 성실하지 않으면
내일의 의미가 없을 것 같아서일까
순간순간을
농부의 마음으로 일군다

내일은 또 다른 은총의 날이다.

끝까지 노래와 찬미를

재 아무리 화려한 삶이었지라도
지금은
저장된 모든 기억들은
장작불에 태워 보낸 듯이 사라져
배우자의 이름과 나이도 잊고
자녀의 얼굴조차도 모르는
세월의 벗인 어르신

육체의 기운이 조금은 있으나
영력과 지력은 다 소멸되어
슬픈 인생,
우리 모두는 그와 같아져간다

하늘에 이르기까지
성심을 밑거름 삼아 살아온 우리,
천국의 계단에 오르는 과정이니
호흡이 멈추는 날까지,
영혼의 노래와 찬미를 잇자.

내 안에 너무 많은 것들로

당신이 들어올 자리가 없어서
내 영혼의 아랫목에
절대로 들어오지 못하는 당신은
서글퍼 울고 있는 것을
오늘에야 깊이 깨달았습니다

세상적 지식이 부족하다면서
목숨 다 해,
학습을 하면서도
정작 당신의 따뜻한 마음을 뒤로 한 채
홀로 걸었던 세월

이런저런 것들이 많이도 쌓여
조금도 비집고 못 들어 온 당신은
여전히 곁에 홀로 서 있는 내게
수많은 신호를 보내지만,
영혼의 안테나가 접혀 슬퍼만 한다.

내 영혼의 신호등

멈추든지 가든지를 알리는 신호등
잘못된 판단으로
인생을 망치기도 하고
성공과 행복의 다리를 잇게 한다

순간의 욕망이 앞서면
대부분 후회를 하게 한다

영혼의 배터리에 이상이 없다면
신호등은 고장이 없다
이것을 알게 하는 장치는
기도와 진리로 길을 밝힌다

한평생을 지내면서,
꺼지지 않는 신호등 되자.

내 영혼의 이불

생애를 이끌어 가는 영혼,
무엇의 힘으로
고난과 슬픔, 그리고 행복으로
안내하는가

따스한 봄의 기운처럼
평안을 누리게 될 때면
행복의 탑이 높아
가슴 뭉클한 찰나적 순간이다

오랫동안 지속할 수 없어
슬럼프에 빠지면,
심령이 덜덜 떨려
웅크려 버리는 영혼의 안방엔
온갖 잡것들이 주인이다

탐욕의 노예인
허영과 허세와 허풍이 들어
냉가슴인 줄 모르다가
엎드려 진리의 샘가의 소리로
영혼의 이불을 덮는다.

놀이터

평생을 놀이터 삼아 놀
그 무엇을 찾은 것만큼
행복한 게 없다
그 하나를 찾기 위해서
일생을 노력하면서
지금의 현실을 누린다

그 어떤 직업이든지
정년제도로
삶을 마감시키려고 하지만
따스한 피가 흐르는 동안
근로하면서,
행복의 바구니를 만든다

청년 때부터
놀이터 삼는 것이 중요하다는 것을
그 누가 알려주지 않았기에
비록,
철이 든 때에 깨달았어도
큰 행복이다.

눈밭

집 앞산 자락에 쌓인 눈
강추위 날씨에
무장하고 나섰던 것은
어렸을 적,
토끼몰이하던 생각이 나
땀이 나도록
이리저리 다녔다.

무릎만큼 쌓인 눈밭에서
양팔을 펴 크게 누워도 본다
쌓인 온갖 고뇌가
눈처럼 녹는다.

다시 맞이한 태양

어김없이 맞이할 수만은 없다
그런데도 이 진실을 몰라서
아침을 아침이라 하지 않는 탓에
무익한 일상이라면
마음과 영혼은 탈색되어간다

하루에도
수 없는 생명을 향한 몸부림으로
절규의 소리를 듣는다

오늘의 순간이 가장 소중하다
이날을 맞이하기까지는
엄청난 기도와 염원의 공으로
지금의 은총을 누린다

힘차게 떠 오른 태양을 본다면
절망하지 말아야 한다
온 누리 향해 일어나라는 소리에
큰 환호성으로 깨어나자.

맞춰 가는 삶의 조각

아침에 떠 오른 태양을 보면
새로운 마음으로
방향을 재수정을 하면서
지난날들을 조명해 보기도 하고
남은 날을 점검하면서
맺어지는 것은 큰 행복이다

잘못된 길이 아니어도
더욱 보람된 그것을 찾는다는 것은
새로운 삶에 대한 큰 도전이다
이게 사람의 특성이기도 하다

언제든지 창의적인 계획을 세워
마지막 날까지 포기하지 않고
맞춰 가는 퍼즐처럼,
비상한 각오를 가질 때
축복의 계단을 오르게 한다.

당신 때문에

당신을 안 뒤로부터
가슴의 상처들이
하나씩 소멸되어 가고
그 자리에서 피어오른 꽃들로
향기를 풍기게 한다

어디에 가 있어도
님의 모습을 생각하면서
더 큰 걸음을 내디뎌
복된 흔적을 남기라는 것에
소복을 입은 여인처럼,
영혼의 옷깃을 여밀게 한다

당신은,
내게로 보낸 선물의 증거로
하늘에서나 만날 것 같아
어느새 보물과 같다.

떠내려가는 잎

산골에서 내려오는 맑은 물
졸졸졸
잠자는 것들을 깨울까 봐
흘러 흘러 머물 곳을 찾는다

순간 눈에 들어오는 것은
새파란 나뭇잎 하나
색이 변하지 않은 것을 보니
누가 금방 딴 것 같다

얼른 손 내밀어
손바닥에 올려놓고서
어디에 살다 어디로 가는 거야
눈을 맞춰 물어본다

이빨 자국을 보니,
다람쥐 입에 물려 있다가
몸부림을 쳐
물로 뛰어들었나 보다.

떠나는 가을

금세 물이 들어
오색의 색동저고리를 입었는데
잠깐의 눈 호강을 시키고
멀리 떠나가려는 가을,
마지막 잎새까지도 떨구고서
또 다른 계절을 준비케 한다

짧은 찰나적 순간이었으나
많은 사연을 쌓게 하고
풍성한 감성을 선물한 계절로
연인들의 가슴엔
사랑을 심어준 고귀한 세월

잡지 못해 보낼 수밖에 없어
내년 가을엔,
더 풍성한 것들을 품어
또 다른 멋과 맛으로
너와 함께
하늘을 품은 노래를 하겠다.

마르지 않는 샘

갈증으로 인해
목이 타는 듯할 때를 만난다
어떻게 해야만,
사막 같은 날들을 헤쳐 갈까를
이리저리 찾아보아도
그 지름길을 못 찾아 헤맨다

육신적 목마름이 압박할 때
마음 밭은 더 요란하다
파도 파도 나오지 않는 물,
더 아우성치는 영적인 갈증,
여기서 극복을 못하면
어둠의 나락으로 떨어진다

살다 보면 기름진 땅만 밟으랴
때론,
거칠고 메마른 곳에 이름은
생수를 찾아야만,
생명을 유지할 수 있게 함이다.

멈추지 않는 사랑

한곳에 머물지 않는 사랑,
어디론가 떠나야만
새로운 둥지를 틀어 간다
망설이다가 놓치게 되면
많은 시간이 지나도,
그 사랑은 절대 오지 않고
다른 모습으로 찾아와
잠든 것들을 깨우는 신비

이 하나를 찾기 위해
목숨까지도 바꾸는 것은
생명의 가치가 남아서다

잠시 머물다 가는 온 생명들
누리는 것도 찰라적이다
후회하지 않을 것들을 찾아
행복의 문을 열어가자.

무엇으로 사는가

수없이 많은 사연을 안은 채
보이지 않는 길을 가며,
때로는 개척을 하기도 하고
닦아진 곳을 걷기도 한다

가다 만나는 인연으로 벗으로 삼고
다듬어지는 삶으로
남은 날들을 노래하고 춤추면서
행복의 길을 모색한다

어긋나 실수한 것은 고치고
진리 아닌 것에는 안타까워한다
이성 지성 감성 영성의 샘,
마르지 않기를 기도한다.

바뀌는 계절

혹독한 동절기 기간에
엄청난 생명이 위협을 받아
치명적인 고통의 터널에 있었으나
지나가는 세월로
그 순간을 지나는 시점이다

동토의 땅은 따스한 햇볕으로
숨 쉬며 녹아내리는 습기로
깊은 곳에 잠들었던 미생물들은
기운을 얻어 기지개를 켠다

수줍은 듯
살포시 얼굴을 내미는 봄의 전령들
언덕엔,
온갖 식물들이 채비를 마쳐
곧 꽃을 피워낼 자세다

곱게 빗은 모습의 자태를 펴면
모든 나그네의 시선을 잡아
탄성을 지르게 할 것이다.

밤의 침묵

밤이 깊어 갈수록
고요한 시간의 연속이다
숲의 나무들만이,
품어 내는 호흡 소리만 있을 뿐
큰 저항 없이 깊어 가는 밤

창문에는
수없이 많은 불빛이 새어 나오고
늦게까지 켜진 등은
아직도 이루지 못한 숙제를 위해
열정을 태운다

쉼을 위해 마련된 밤
육체와 영혼을 덮은 따스한 이불로
에너지를 얻는다
깊은 수면으로 가게 하기 위한
티끌을 정리하게 하는
신비의 밤이다.

배움의 즐거움

호흡하는 순간부터
끊임없이 배우며 살아간다
이것이야말로,
진리와 자유를 알게 한다

학습의 자세를 일찍 놓으면,
마음의 주름살도 늘어가고
뇌세포도 금방 노화하여,
세월도 줄 게 없다고 한다

다리에 힘이 있을 때
항상 배움의 자세로 유지하면
가슴 뛰는 삶으로
감동을 연출해 낼 수 있다

사방에 널려 있는 배울 것들
도전하고자 하면,
비밀의 창고는 신비로 넘실거려
행복의 문도 춤을 춘다.

환락의 벗들

무면허 운전으로 인한 교통사고,
값비싼 온갖 음료,
값을 물을 수 없는 명품들,
갑부들이 잠시 누리지만
그것을 계속 잇지는 못한다

사람의 생명은 한계가 있기에
의미 하나의 결실을 위해
삶을 던지지 않으면,
서글프게 끝나기도 한다

하루에도 마약으로 인해서
망가지는 자들이 얼마나 많은가
순간의 쾌락을 즐기다가
인생이 끝나는 줄을 모른다
브레이크 없는 절제,
환락의 노예가 되어 간다
악마의 친구다.

제3부
사랑할 수 있을 때

봄 하늘의 별들

하늘에 갇힌 겨울의 구름으로
별들을 볼 수 없었던 날들,
서풍이 불기 시작하여
드디어 맑아진 봄의 하늘은
지친 벗들을 위한 잔치를 열 듯
신호를 보낸다

땅 깊은 곳에서도
꿈틀거림을 감지하게도 하고
작고 푸른 새싹을 본다
모진 겨울을 잘 지낸 새들도
창공을 비상하며
숨바꼭질을 반복한다

아직 온기가 전달되지 않아서일까?
밤하늘의 어느 별들은
밝기가 서로 다른 것은,
온기를 서로 전해주는가 보다

큰 이불 한 채 보내고 싶다.

봄의 노래

입춘이 지나자마자
옷 두께가 얇아지기 시작하여
마음까지도 가볍게 하는 신비의 봄
너무 오랫동안,
움츠려 있어서였을까
창살의 햇볕이 너무도 정겹다

식물을 다시 화단으로 옮겨
따스한 햇볕으로
막힌 숨구멍을 열개하여
기지개를 켜 주고 싶다

굳어진 내 어깨에도
두 팔을 높이 들어
라켓을 힘차게 올려 공을 치며
환호성을 지르고 싶다

온갖 식물들이 깨어나도록

봄의 얼굴

당신의 얼굴을 본 지가 오래되어
희미해진 기억은,
백사장에 쓰인 글씨가 지워진 듯
다시 써야 하는 애달픔에
봄의 전령인 따스한 햇볕으로
더듬더듬 생성을 시도합니다

한 줌의 흙 속에서도
많은 생명체가
서로 부둥켜 체온을 유지하며
이날을 눈물로 기다렸습니다

서풍에서 불어오는 바람을 타고
온 대지는 다시 생명의 노래로
춤추는 대지를 볼 것입니다
당신의 환한 웃음으로
온 누리는 멋진 춤을 출 것입니다.

봄의 왈츠

잠자는 온 생명에게
더 이상 누워 있을 때가 아님을 알리는
새 기운을 힘껏 뿜는 봄기운,
땅속에서도 꿈틀거린다

나뭇가지의 잎새들도 눈을 떠
긴 호흡을 하며
봄이 왔음을 알리려는 채비로
나래 짓을 한다

처녀들 가슴은 벌써
울긋불긋한 옷으로 단장하고
벗을 만날 준비를 끝냈다

동절기를 무사히 지낸 생명들,
다가온 은총으로
축제를 위한 춤은 시작되었다.

사람의 가치

사람의 가치를 돈으로 평가한다
그 한계를 극복하기 위해
부단히 땀을 흘려 향상을 한다
절대적 가치의 한계는 없기에
노력한 만큼 상승을 한다

성경에,
정신병에 걸린 젊은이가
악령에 따라 괴롭히는 악마가
돼지 떼 2천 마리와 바꾼 사건이 있다
한 사람을 바꾼 것은,
사람이 더 중요해서다

시간을 허비하는 것은 큰 죄다
내가 사람이 된 것은,
목표 하나를 이루라는 것이다
무한대적 삶을 열어준 하늘에게
가는 길을 묻고 물어
가치를 증명해야 하겠다.

사랑할 수 있을 때

사랑을 만날 수 있는 것은
온 정성으로
진리와 같은 수준으로 노력할 때
가능하고,
때로는 목숨을 담보로
거래를 시도한다

담을 수 없는 사랑의 모습이라도
새벽의 맑은 이슬에 젖어
준비된 그릇에 담길 백옥같은
풀잎 위에 살포시 내리는 향긋함이라면,
찰나적 순간,
영혼의 문을 열리게 한다

너무 많은 것들로 치장한 탓일까?
진솔하게 터놓을,
그 하나의 벗을 만나기가 어렵다

졸졸 흐르는 물줄기를 따라
묻은 마음의 떼를 씻어야 하겠다.

사연

좋은 사연
나쁜 사연
이게 사람을 만들어 간다
좋은 것만 있을 수 없고
나쁜 것만 있을 수 없다

부딪히므로 나오는 에너지는
큰 도전을 준다
이것을 잘 수용하기만 하면
더 큰 힘을 얻는다

그 누가
행복을 마다하겠는가
실패의 원인은 이유가 있다
역량의 부족일 뿐,
한번 온 생애로
행복에 이르는 사연 만들자.

사회적 불안

사회를 이루고 있는 게 많지만
정치권으로 인해
불안이 폭증됨을 감출 수 없다
당리당략을 위해,
집단화되어 있는 정당들,
시민들의 눈살을 파악하지 못하고
세금만 축낸다는 쓴소리를
전혀 듣지 못하는 게
바른 정치인이라 할 수 있는가?

권력에 눈이 멀고 귀가 막혀
그 노예가 되어 간다
그렇게 하려고 금배지를 달았는가?
잘못하면,
가문엔 큰 먹칠을 하고 만다

조국과 국민의 행복을 위해서
보냄 받았다는 정체성을 잃었다면
심판대에 설 것을 알아야 한다.

꿈꾸는 감격

간절하게 소망했던 것을
눈으로 확인하는 오늘 때문에
새벽을 맞이한 시각은
가슴 벅찬 감격의 순간이다

말라가는 나무에도
봄을 맞이하여 새싹이 나오면
지켜보던 이를 감동케 하듯
이 아침은,
남은 날의 행복을 잇게 하는
아름다운 신호탄일 것이다

그 누구도
영원할 수 없는 주어진 세월,
지금이 그 순간을 잇는
가장 소중한 때임을 알아
더 큰 하늘 문을 열어간다.

새 출발

은퇴를 모두가 해야 하지만
이것을 알아
미리 대비하는 게 현명하다
정년이 없다면 고용시장은 심각해지지만
그렇다고 먹고 놀 수만 없다

은퇴를 놓고 걱정해야 할 나이에
그 걱정 없는 일을 찾아
새 출발을 시작하게 된 것은
큰 은총이다

적당히 놀 수 있고,
모든 것을 즐길 수 있다면
이 얼마나 큰 축복인가
쌓인 혜안으로 그 문을 크게 열어
모범적 삶을 이루면 행복이다.

새해의 다짐

새 해를 맞이하여
일부러 마음을 들썩이려고 한다
너무 오래된 팬데믹으로
지쳐 있어 커다란 벽들이 생겨서다

스스로
이 환경을 헤쳐 나갈 수 없을 만큼
사방으로 막혀 있다

일출하는 태양의 장관을 보러
그 멀리에까지 간다
스스로 마법이라도 걸어야만
지금의 현실을 건널 수 있기에
그 비책의 지름길인 양
인산인해를 이뤘다는 뉴스

힘들 땐 하늘을 보자
선조들도 우리와 비슷했을 테니까

시대의 불안

세계 곳곳에는
불안의 요소들로 가득차 있다
인간의 탐욕이 빚은 것으로
기후의 변화뿐 아니라 전쟁들
지진으로도 고통이다

신음이 더 커지는 현대사회 속
멈춰지는 생명들,
악마에게 약탈당하는 지구촌

더 이상의 희생을 막아야 한다
인간의 야욕과 전쟁을 멈춰야 하고
평화 건설에 앞장서야 한다

수없이 많은 생명이
정치와 이념을 위해 약탈되었다
악마들은 자충수를 거둬라.

성공 인생

성공이 꼭 행복을 보장하지 않지만
그렇게 살기를 열망하여
자신의 온 에너지를 다 한다
적당히 하면,
정상에 도달하기는 요원하다

환갑이 넘을 때
벗들로부터 인정을 받으면
나름 성공한 사람이다

실패를 너무 두려워하면
아무것도 시도할 수 없기에
사람으로서 누릴 것들이 떠난다

선한 목표를 세웠으면
성공할 수 있고,
그곳을 보람을 누리고 있으면
진정한 성공 자가 아닐까

소중한 생명들

다 떨어진 나뭇잎
그래도 여전히 나무는
내년을 기다리며 묶은 것들을
겨울이 오기 전부터
그렇게도 준비를 한다

치아가 다 빠져
연명을 위해 틀니를 끼운
어르신들,
피고 지는 것들을 지켜보며
인생의 터널을 지났다

우여곡절을 지난 우리,
하늘이 부르시는 그날까지
한눈팔지 말자
사지가 멀쩡할 때까지만 인생이다

오늘이 가장 소중한 날이다.

인생 성공

다른 것은 몰라도
주어진 삶은 성공시켜야 한다
자신에게 주어진 일,
이것을 사명 혹은 소명이라고 하여
혼신의 에너지를 쏟아야 한다

한 눈 팔면,
어둠의 그림자가 순식간에 달려와
덮어 버리면,
쌓은 금자탑도 무너져버린다

후회할 수 없는 인생길
되돌아갈 수 없어
눈물을 흘리지 않으려면
온 지혜와 슬기로움으로
하늘 문이 열리기를 기도해야 한다.

가을의 무게

가을처럼,
삶의 무게를 더 하는 게 있을까?
한 해의 결산을 앞두고
이런저런 생각이
옷장에 걸린 옷과도 같다

아무리 열심히 살아봐도
큰 아쉬움을 남겨 주는 계절,
색동저고리 색으로
위쪽으로 하는 자연이지만
남은 숙제처럼 숙면을 방해한다

해야 할 일을 알리고
남아 있는 사명의 열정을 앞세워
아침에 떠오를 태양과 함께
남아 있는 날은,
행복의 열매 가득하면 좋겠다.

가을의 얼굴

폭풍우 치던 때를 지나
가을을 맞이한 지가 어제 같은데
너무 많이 내리는 가을비,
쌓인 흙먼지를 씻은 것 같은데
시름이 깊어 간다

사람의 마음 때문일까
보이지 않는 탐욕으로 인해서
더 이상 방관할 수 없어
땅이 파이도록 내리는 것일까

가을은 마음을 잘 다스리고
다가올 겨울을 기다리는 시간이다
기도와 묵상으로
떠나간 벗들을 위해 기도하여
행복의 둥지를 재설비할 때다.

가을의 정체

곱게 입은 나뭇잎들이
눈앞에서 출렁이는 가을 산
형형 색상으로 옷 입어
보는 이를 즐겁게 한다

감탄의 환호를 받는 자연,
온갖 것에 물든 것들을
깨끗하게 씻고 가라고 한다

수액이 다 빠져 있으면서도
이렇게 아름다운 자태를 뿜어
하늘을 벗 삼은 것에
선물하는 자연의 모습에
그리움으로 펼치는 삶,
곱게 물들어 가라 한다.

가을 빗소리

가을인가 싶었는데
갑자기 요란한 소리가 들려
창밖을 보니,
소나비가 지붕을 때린다

오랜 가뭄으로 인하여
식물들이 기운을 잃었는데
이 날을 기다린 듯
금세 옷을 갈아입고 춤춘다

새떼도 빗 사이를 비행하고
앞산에서 들려오는
동물들의 발걸음 소리,
움츠리고 있다가 신났다

도랑물은 졸졸졸 흘러
쌓여진 쓰레기를
함께 데리고 떠나면서
노랠 부르며 잘도 흘러간다.

신앙

극히 제한적인 사람의 힘,
이것을 극복하고자
신앙을 갖게 되어 삶을 이끌어간다
진리를 만난 후,
어둠의 영의 영역을 벗어나
자유를 누려 가
다른 품격으로 새로움을 반복한다

검증되지 않은 종교들로
수 없는 피해를 당하고 있는 생명들,
소중한 시간과 재산을 날린다

본래의 가치를 떠나
암초를 만나 방향을 잃은 후에
고통을 토로하며 뉘우치는 자녀들
삶의 목표는 멀리 달아나고,
찢어진 심령을 회복하지 못한 채
이용만 당한 것에 분노다
생명을 약탈하는 악마의 끝은 없다
전신갑주로 무장하여 이기자.

행복이음

세월을 낭비하는 것보다
큰 죄도 없을 터,
희미해진 목표를 바로 세워
지금의 자리에 와 있다
목마르지 않은 게 없으나
적당한 만족으로 즐기는 여유는
삶의 즐거움을 잇는다

가끔은,
너무 많은 탐욕의 선을 넘어
죄악을 저지른다

자기만족을 위한 절제가
행복의 문을 열어가게 하지만
악마의 유혹으로
영혼의 시력이 희미해지면
불행의 시작이기에,
주어진 세월 속에서
오늘로 내일을 보려고 애쓴다.

제4부
우리 거기서 만날까

실버가 되어 간다

그 누구라 해도
노년이 되어 감을 막을 수 없다
더 일찍,
이것을 알아야 했는데
삶을 잇기 위해서
뒤늦게 알게 된 것이
조금은 서글프다

그렇다고 절망은 필요 없고
차근차근 준비하면서
남은 생애의 꿈을 그려본다

적당한 운동을 하면서
알맞은 식사와 휴식과 학습으로
곱게 늙는 훈련을 한다

세계를 일주하듯,
보이지 않는 주어진 삶의 터를
봄의 농부처럼 엮어간다.

아직 살아 있다

저마다의 꿈과 소망을 이루려
다양한 방법들을 묘사하며,
그것과 함께 곱게 늙어 간다

아직도 이루지 못한 일들,
생각해 보면 하도 많아서
잠을 이루지 못할 때가 많다

숙제처럼 남아 있는 것들이
아침이면 반갑다는 듯,
기다린 듯 춤추며 찾아온다

숨을 다시 들이켜면서,
그것들과 입 맞춘 후
나는 살아 있다고 소리친다

생명 있음이 가장 큰 감사다
아름다운 것들을 찾아 실천하자
열매 없는 나무는 쓸모없듯,
소중한 내 인생이라고 소리치자.

아침의 찬미

오늘 아침은 그냥 선물이다
어제의 연속이 아니라,
새로 받은 축복의 날이다

오늘을 맞이하지 못한 채
떠난 벗들이 얼마나 많은가

밤새 슬픔과 울음으로
또 다른 날을 기약한 친구들
새날을 맞이한 이유로
더욱 겸손하고 진실하게 살자

언젠가는 침상에서
마지막 날을 맞이해야 한다
떠오르는 태양과
신선한 공기를 마실 수 있을 때
행복하다고 말하자.

아침의 행복

오늘 아침을 맞이할 수 있음은
가장 큰 은총이다
싱그러운 공기를 마시고,
아침의 태양을 볼 수 있으므로
약속과 꿈을 이어간다

잘못된 것을 고칠 기회를 얻고
사랑할 수 있는 마음으로
환호성을 지르게 하는 아침

수많은 날을 보낸 오늘 아침은
너랑 나랑,
함께 수고한 공로로 얻어진
가장 소중한 날이라며,
스쳐 지나는 것들이 신호한다.

없어서는 안 될 것

많은 것들이 있어야 하지만
가장 소중한 게 사랑이다
보이지 않으나 그보다 훨씬 잘 보인다
소유는 쉬우나
가장 잘 놓치는 것 중 하나다
이 하나로 인하여,
삶과 죽음을 오고 가기도 한다

사랑의 감성이 부족한 사람은
마음이 따뜻하지 않아
거친 말을 쉽게 하는 탓에
가슴을 후빈다
마치 따스한 피가 냉동된 듯
내뱉는 독설로
모든 소통을 막는다

가슴이 따뜻한 사람,
어쩌면, 그 한 사람을 찾는다
삶을 위한 사랑의 발전소다.

여기에 머물러

가도 가도 끝이 없는
인생길 위 한곳에 머물러
가장 아름다운 곳이라 여겨
생명을 담아 기경하여,
여기에 머물러 있음으로
그 가치를 높여간다

언젠가는
정지되어야 함을 알아
온 에너지로
가슴 벅찬 최고의 순간을
매일 만들어 간다

어찌 언덕이 없으랴
어찌 수렁이 없으랴

눈물의 기도와 소망으로
이기고 또 이겨
여기에까지 올 수 있었을 뿐,
지금의 순간이 행복이다.

열리는 하늘 문

다시는 어두운 생각을 말자고
몇 번을 다짐을 해 본다
어느새 마음 아랫목에 들어 와
영혼의 창문을 가려
은총의 길목을 막고 서 있다
화들짝 놀란 가슴에
머리를 조아려 눈물로 회개하고
닫힌 하늘문을 열어간다

신호등을 무시하면 사고가 나듯
하늘의 신로를 무시하면
닫혀지는 은총의 열매들은
주인을 못찾아 여기저기를 떠다닌다

나 여기에 있으니,
다시는 방황하지 않아야겠다고
다짐의 단계를 넘어,
피를 쏟는 자세를 잃지 않겠다.

영혼의 노래와 찬미를

재 아무리 화려한 삶이었지라도
지금은,
저장된 모든 기억들은
장작불에 태워 보낸 듯이 사라져
배우자의 이름과 나이도 잊고
자녀의 얼굴조차도 모르는
세월의 벗인 어르신

육체의 기운이 조금은 있으나
영력과 지력은 다 소멸되어
슬픈 인생,
우리 모두는 그와 같아져간다

하늘에 이르기까지
성심을 밑거름 삼아 살아온 우리,
천국의 계단에 오르는 과정이니
호흡이 멈추는 날까지,
영혼의 노래와 찬미를 잇자.

오늘의 행복

전율을 울리는
싱그러운 클래식 음악이 흘러나오는
아침,
책상 앞에 놓인
향긋한 모과의 향기로
마음의 안정을 더 한다

세월을 이어 가게 하는
깊어가는 가을은,
너무 재촉하지 말라면서
단풍으로 그 신호를 알린다

온갖 사건 사고들로
고뇌하며 살아야 하는 우리들
그냥,
호흡하고 있음이 행복이다.

오늘이 그 날

누구나 타고난 운명으로
싫든 좋든 일생을 이어가게 된다
때로는 너무 힘들지만
그것을 운명으로 알아
사명으로 이어가게 하면서
밭을 일궈 씨앗을 심는 마음으로
한평생을 살아간다

가면서 만나는 수많은 언덕,
넘고 넘어
강물을 만나 항해를 이어 가
아름다운 곳에 이르러
삶의 애환을 노래하며 춤춘다

산다는 것은 경이로운 것이다
생을 만들어 가는 것은,
신비한 것이요 큰 은총이다
오늘이 그 날이다.

우리 거기서 만날까

지금껏 살아온 것만으로도
상 받을 자격이 되어
그 생각을 하면 흥분입니다
구두 굽이 너무 닳고,
뱃가죽이 허리에 붙을 만큼
인내의 한계에 이르렀지요

해야 할 일을 발견했고
그 하나의 꿈을 위해서라면
그 어떤 것도
거뜬하게 보낼 수 있었으니
생각하면 감사입니다

남아 있는 길도
노래하며 춤을 추면서
모든 것을 벗 삼을 수 있다면
행복한 내 인생이겠다.

이기고 또 이겨

세밑 속 들려오는 것들은
내년을 크게 기대하지 못하게 한다
불안한 요인들은
여기저기에 웅크리고 있어서
가슴을 조여온다

그렇지만 수많은 파고를
이기고 또 이겨 여기에까지 왔다

배고프고 추운 날들과
어둠의 터널을 지나온 우리는
위대한 창조자요 모험가다

호흡하고 있다는 증거로
모든 악 조건들을 지금처럼 이겨내자
감히 나를 넘을 것들은
비켜 갈 것이기에,
승리의 노래를 미리 준비하자.

이뤄지는 꿈

간절히 열망하는 것은
정성 다하여 보내는 시간과
흘리는 기도의 힘으로
열매를 맺어 가는 것으로
큰 행복을 누린다

무엇으로 행복할 것인가에 대한
해답을 얻지 못하면,
불안이 도사려 큰 스트레스다

어제 기도한 것들이
오늘 이뤄진 것이 아주 많다
이것을 망각하고서,
매일 새로운 것만 찾는다면
이처럼 어리석은 게 없다

세월을 낭비하는 것이고
이것만큼 큰 죄도 없을 터이니
깊이 기도하여 큰 문을 열자.

이별

이별해야 할 것이 너무 많다
허풍과 허영과 허세는 주적이다
이것과 정리를 하지 못해
피해 본 적이 있다면,
당장 이별을 서둘러야 한다

악한 것은,
그 모양이라도 버려야만
진실한 자신을 보며
좋은 친구와 벗을 만난다

실패한 자들 대부분이
위선의 옷으로 잘 분장해보지만
그 바닥은 꼭 드러날 때다

호락호락하지 않은 것을 알고
용기를 내어,
버릴 것과 취할 것을 분별하자
세월은 함께 데려가지 않는다.

이어 가는 행복

내일의 행복을 위해
오늘은 비지땀도 흘릴 수 있다
건강에 무리가 되지 않으면
주어진 시간을
더 극대화하여 사용하면
행복의 문은 열린다

오늘을 맞이하기까지
얼마나 많은 애를 썼던가?

배고프지 않을 만큼
인내하면서,
구김살 가지 않을 정도의 옷을 입고
어제를 보면서,
오늘에 성실하여 내일을 본다.

일상의 즐거움

아직은 일상이 분주한 것은
건재함으로 해야 할 일이 있어서다
은퇴 걱정이 없이,
일터를 찾았다는 것만으로도
감사의 연발이다

계단을 오르내려도
이상하리만큼 무릎도 괜찮다

주어진 마지막 일터라고 생각하면
서글프지만,
선물로 생각하여 진심을 쏟는다
뿌리는 정성으로
단 한 사람의 행복을 누린다면
이 또한 나의 행복이다.

잊을 수 없는 것들

수많은 파고를 넘어
여기에까지 달려와 보니
지나온 흔적들로
생각의 안방에 눕게 한다
그것이 지혜가 되기도 하고
등대가 되기도 한다

터널 없이 지날 수 없던 길
수렁 없이 건널 수 없던 길
모두가 지금을 잇게 하는
은총의 표지판이었다

얼마나 남은 길인지 모르나
지금껏 쌓인 혜안으로
벗 삼은 것들로 행복을 누려
더 많은 사랑을 실천하고
누더기들을 벗어 버리겠다.

조화의 아름다움

그전에는 그렇지 않았는데
통상적인 언어가 아닌
오해의 소지를 제공하는 언어로
실망하게 된다
생각해 보니,
그는 이미 정년을 하신 선배로
머리는 흰 눈이 내렸고
팔자걸음을 하고 계시었다

햐,
나이를 이길 것은 없는가 보다
아쉬움으로 이해를 하면서
나도 언젠가는 저 모습인데,
지금부터라도 말의 횟수를 줄여
후배들로 하여금,
상심 되지 않기를 바랄 뿐이다

가는 세월을 누가 막을 수 있으랴
나도 그와 같이 갈 뿐이다
흐트러지는 모습이 아니라,
조화로 아름답게 늙어가자.

겨울 가로등

앞 산 커다란 정원은,
크고 작은 불빛으로 환하다
깊어가는 겨울에는,
발걸음이 뜸함에도 불구하고
불빛을 발사한다

아무도 없는 길목이라도
그 빛은 밤새도록
묵묵히 눈을 밝히고 있다

풀벌레소리도 없는 겨울은
불어오는 찬 공기가
가로등만 스쳐지나간다

마지막 친구를 맞이하기 위해
그토록 시린 밤이지만
그 한 사람을 위해서라면
새벽까지 기다린다.

겨울 물안개

오찬 후
공원을 가기 위해 나섰다
하늘은 보이지 않고
금방 비가 쏟아질 것 같은데
안개가 산 능선을 타더니
금세 짙게 드리운 겨울 물안개

모든 동절기에 굳은 땅과
나뭇잎을 덮은 떼 국물을 씻어
자연에 숨통을 열기 위해
하늘이 보내준 생명수 같다

주어진 미션을 통해서
꽃향기 한번 품어보겠다는 각오로
온 힘을 쏟는 사람들에게
하늘은,
자연으로 에너지를 뿌린다

가자 가보자
포기하지 않으면 이루리라.

기다리는 것들

기대하며 기다리는 게 많음은
인간의 기본 욕구 중의 하나인데
요즈음은 이게 간절해진다

계절이 바뀌는 시점에
소망의 그릇을 채워보기 위함일까?

이룬 것으로 가진 것도 많은데
이렇게 소망하는 기도 제목이
목마름으로 다가오는 게 이상하다

동절기의 식물도 봄을 기다리면
녹색 옷으로 피어오른 잎새로
행복을 넉넉하게 나누 듯,
아직,
하늘의 선물이 있어서인가보다.

제5부
사랑은 눈으로

겨울

재 아무리 겨울을 좋아해도
찬 공기가
살 속으로 쑥쑥 계속 들어온다면
견뎌낼 수 없다

오리털로 된 방한복을 입고서도
몸이 오그라든다

젊은이들이야
낭만적인 스키장으로 훌쩍 가지만
살갗 드러내기 싫은 나이 때면
동장군이 원수된다

온 땅을 얼게 하는 겨울의 마법,
훈훈한 기운이 남아 있을 때에
남은 낭만을 즐기라고
아침부터 눈발이 휘날린다.

겨울바람

피부를 둘러 싼 세포를
더 결합을 시키려는 것일까
세찬 바람은,
그 고통을 알지도 못하고서
온 힘으로 바람을 날린다

짐승털로 만든 패딩을 입고
총총 걸음을 내딛어
사명자의 모습으로 일터로 간다

늘어진 근육살보다는
긴장함으로 탱탱해지게 하여
해야 할 일은,
꼭 이뤄야 함을 알게 하는 겨울을
따스한 피가 흐를 때까지
벗 삼아야 할 것 같다.

겨울산장

눈 내린 겨울 오후
한적한 곳을 찾으러 핸들을 돌려
가까운 곳에 이르러 도착한 눈 덮인
소나무 밑 산장

희미한 네온사인은
손님을 기다린다는 신호로
깜박거림을 반복한다

온기는 구석에까지 퍼졌으나
찻잔을 앞에 놓고
누군가를 기다리는가 하면
홀로 앉아 희미한 등 아래 밑의 연인들
무슨 사연으로,
저물어 가는 밤을 맞이하도록
비운 찻잔만을 바라볼까

헤어짐과 기다림 속에서
깊어 가는 밤하늘에 별빛은 빛난다.

겨울의 미소

살갗을 파고드는 바람으로
온몸이 움츠려지지만
하늘하늘 내리는 흰 눈으로
발걸음이 가벼울 때면,
마음도 가벼워지는 것은
참 신기한 일이다

세상을 도배라도 할 듯
순식간에 하얗게 만드는 신비는
마치,
영혼의 마당에 쌓인 더러운 것들을
청소라도 해 주려는 것인가?

좀 더 정결하고 선한 일 하라는 듯
하늘의 신호수가 주는
은총으로 가는 신호인가보다

겨울의 정체

두터운 재질로 만들어진 외투와
발과 손을 꽁꽁 싸
찬 기운을 막아 보지만
외출을 시도하기란 쉽지 않다

북에서 내려오는 난류가 찾아와
꽁꽁 얼어 버린 도로 위에
퍼붓는 은빛 눈발

가난한 자들의 가슴은 더 추워
냉가슴을 앓게 하는 밤은
동절기가 몸서리치게 두렵게 한다

고급 승용차에 스키를 싣고
겨울여행을 떠나는 스키어들은
마냥 즐겁고 신나는 겨울

겨울의 정체는 무엇인가?

지나가는 세월

생각과 인격과 사랑,
절대 멈출 수 없는 것이어서
변화를 시도하지 않아도
세월 따라 변한다

어떻게 변화 하느냐에 따라
한 사람의 가치는 큰 차이다

드러나지 않는 잠재력,
어떻게 해서든지 이끌어 내고
피땀 흘려 노력한다면
받아 누리는 은총은 매우 크다

놀고먹는 팔자들,
펑펑 누리는 귀족도 있으나
과연, 그게 영원할까?
어두움의 권세에 눌려
환락을 벗 삼아 무너지는 생명들,
세월이 주는 신호를 무시해서다.

책임의식

바른 판단력을 가질 때
건강한 삶을 이어가게 하고
행복의 문이 열린다
양심을 버리고서,
그 무엇을 해 본들
결국은 실패하게 된다
남은 상처는 치유되지 않아
일평생을 억누른다

모르고서 한 일이라고
고백은 할 수 있겠지만
결과에 따라
잘 받아주지 않는다

마음과 영혼이 허락되지 않고
기뻐하지 않는다면 멈춰야 한다
제아무리 위장을 해도,
거짓은 결국 다 드러난다.

축제의 마당을

30세가 된 후부터
10년 주기로 축제의 시간을 갖자
성공을 위해서,
매우 치열하게 살았고
때로는 울음으로 밤을 지내며
감격의 아침을 맞기도 했다

100년도 못 누리는 인생살이
천년을 살 것처럼,
온갖 탐욕으로 인한 시행착오들
깨달아 수정하여,
만들어진 인생살이인데
자신에게는 용기와 격려를 하자

큰 부자가 아니어도 좋다
그냥 두 발로 걸을 수 있고
가슴 따스한 벗이 곁에 있다면
축제를 누릴 자격이 있다.

엄마의 울음

엄마 엄마 울 엄마
얘기 좀 해 봐
그전에는 거기도 갔었고
누구랑 만나서 재밌는 얘기와
맛있는 거 먹은 거 생각나

연로하신 엄마와의 대화는
가슴을 아프게 한다
치매와 질병으로 싸우며
요양원에서 남은 생애,
말을 잇지 못하는 자녀들

아가처럼 반가워하면서도
대성통곡을 하며,
입을 닫은 모습에 오열이다
머지않아 닥칠 것 같아서일까?
면회실의 울음소리가
창문 사이로 무겁게 나간다.

출근

언제까지 출근할 수 있을까?
각종 첨단 현대화로
급격하게 줄어드는 직업들,
너무 큰 스트레스로 잠을 설친다

비명의 지하철 출퇴근의 사람들
도로는 막혀도,
출근길은 열려야 한다
이것은 생존을 위해서다

사표를 내라고 하기 전까지는
아무리 힘들고
사지가 뒤틀린다 해도
출근만은 해야 한다

능력을 발휘할 수 있는 이것으로
행복을 이어갈 수 있기에
오늘도 내일도 구두는 땀난다.

사랑은 눈으로

마음에서 불을 지펴
눈으로 나타나는 신기한 일들
이게 조화를 이루어,
작품을 만들어 명품 되게 한다
사람의 기본 욕구는
모든 벽을 뛰어넘어
서로를 이어 발을 맞춘다

충분한 감정이 서로 확인되면
싸이클을 맞춰,
미래를 설계하면서
익어가는 감성으로 떠지는 사랑

너랑 나랑은
하늘이 예비한 것이라고 다짐하여
마음과 눈으로 결정된 것으로
영원에 이르기를 약속하여,
꿈같은 날이기를 열망한다.

치매

그게 뭔 말이야,
엉뚱한 말을 이어 가는 어르신들
순간의 발상일까?
모든 과거를 포맷 당하여
생명력을 잃은 언어들

치매에 걸린 분들은,
과거의 생각 흔적들이 사라져서
마음은 매우 평안하다
주변 사람들의 고통을 몰라
애만 태우게 한다

뇌에 지진이 나서 생긴 치매
시간이 지날수록
암 덩이와 같이 자라면
의학의 한계에 이르게 된다
어찌해야 할까?
오늘을 즐겁고 행복하게 살자.

친구 된 세월

오늘 하루만 해도
사람을 만나며 사건은 해결하고
즐거운 일을 만들었다
시간이 없었다면,
절대 이뤄지지 않는 것들이기에
시간이 흘러가는 것도
더욱 성숙하게 하는 섭리다

그러한 이유로
한 사람의 인생스토리는
수많은 역사를 지닌다

세월 속에 인연된 자들은
모두가 벗이다
영혼의 깊은 언어로 대화를 이끌어
하늘사닥다리를 놓아
은혜의 강물 흐르게 하자.

통찰력

사물을 옳게 보는 통찰력으로
엮글어 가는 삶,
이것은 곧 행복으로 이어간다
가진 재산이 부족하여도
이 하나가 건강하면,
여러 가지가 회복되어 간다

바른 시각을 갖기 위해서
공부하는 것을 즐거워하며
건강한 모임과
보람된 직업을 가져야 한다

잘못되어 가는 사람들로 인해
사회가 병들어 가고,
악마의 놀이터가 되어 간다면
하늘은 그 생명을 정리한다

가고 오는 세월 속에
빛나는 통찰력을 키워가
행복을 전하는 메신저 되자.

한 해는 가고

달력을 받은 지가 엊그제 같은데
벌써,
해 바뀐 달력을 받게 되었다
매년 느끼는 감정이 다른 게
나이를 더 먹어서만은 아니다

인생 농사를 생각해 보면
크게 내놓을 게 없는 탓일까?
그래도 많은 파고를 지나
여기 이 자리를 지키고 있음은
인생 고수가 되어서일까

그럼에도 부족한 게 많다
배워야 할 게 너무도 많고
비워야 할 것도 수두룩하다

내년에는 주어진 삶에 대하여
더 깊은 애정으로,
한올 한올 베를 짜는 심정으로
더 정교하게 살고 싶다
단 한 번만의 삶이니까

함께 가 보세

목표한 곳에 이르기를 위해
온 에너지를 쏟아,
여기에까지 올 수 있었던 것은
어찌 홀로 가능했겠는가?
쉼 없이 보이지 않는 은총으로
막힌 것을 열어 주며,
닫힌 문을 열어 주어서이지

더욱 성실하고 진솔한 자세로
남은 생애를 통해
우리 함께 꽃을 피워
향기를 함께 나눠보자며
이렇게 동행클럽으로 이름했네

따뜻한 곳 찾기가 쉽지 않은데
따스한 피가 흐를 때,
가슴을 열어 온기를 누리세.